La máscara

Mudanza
Colección de teatro
Homenaje a Elena Garro

Homage to Elena Garro
Drama Collection
Moving

Tándem

Carmen Ollé
y
Virginia López Aragón

LA MÁSCARA

Nueva York Poetry Press LLC
128 Madison Avenue, Office 2RN
New York, NY 10016, USA
Telephone number: +1(929)354-7778
nuevayork.poetrypress@gmail.com
www.nuevayorkpoetrypress.com

La máscara
© 2023 Carmen Ollé y Virginia López Aragón

ISBN-13: 978-1-958001-89-9

© *Poetry Collection*
Moving 1 / Mudanza
(Homage to Elena Garro)

© Publisher & Editor-in-Chief
Marisa Russo

© Editor:
Francisco Trejo

© Blurb:
Javier Alvarado

© Cover Designer:
William Velásquez Vásquez

© Layout Designer:
Moctezuma Rodríguez

© Photographers:
Herman Schwarz: Carmen Ollé
Valeria Valdivia Pinto: Virginia López Aragón

Ollé, Carmen y Virginia López Aragón
La máscara / Tándem: Carmen Ollé y Virginia López Aragón. 1ª ed. New York:
Nueva York Poetry Press, 2023, 118 pp. 5.25" x 8".

1. Peruvian Drama   2. Latin American Literature

All rights reserved. No part of this publication may be reproduced, distributed, or transmitted in any form or by any means, including photocopying, recording, or other electronic or mechanical methods, without the prior written permission of the publisher, except in the case of brief quotations embodied in critical reviews and certain other non-commercial uses permitted by copyright law. For permissions contact the publisher at: nuevayork.poetrypress@gmail.com.

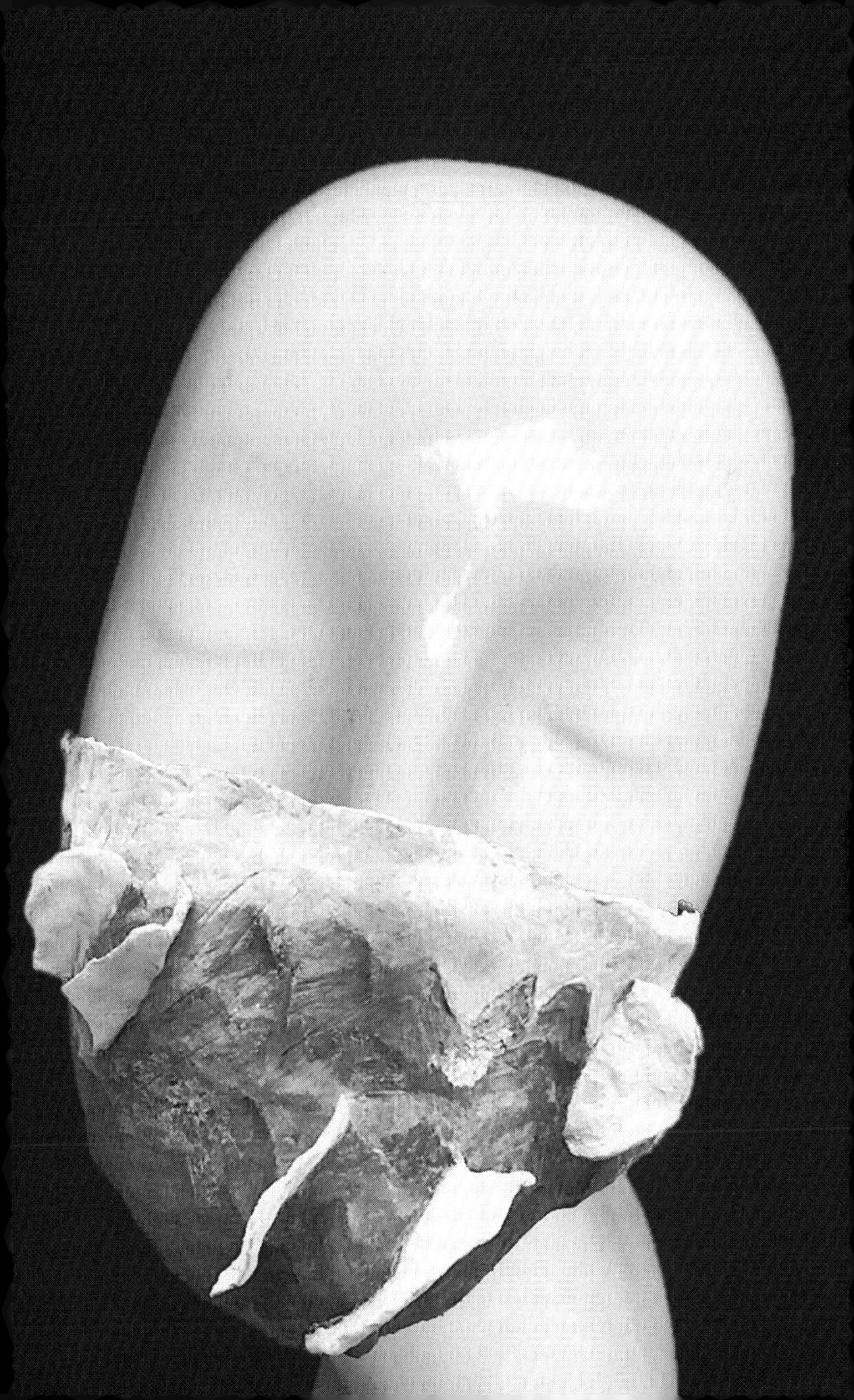

Personajes:
 Apotecario: (aproximadamente joven)
 Compradora: (adulta, sin edad aproximada)
 Interlocuteur: Luo Bai

Locación:
 Tienda de un distrito clase media emergente;
 calles adyacentes

Época:
 Pospandemia Covid-19

No soy la condesa Gamiani. La perversa mujer de *Dos noches de placer* de Alfred de Musset. De joven el mundo nos pertenece, leí *Las once mil vergas*, *La Roma de los Borgia* de Guillaume Apollinaire; cómo olvidar *La Religiosa* de Denis Diderot y otras composiciones eróticas, aunque no me jacto de ser especialista en la materia.

Pero la protagonista de este rollo -jamás encontrado en ningún río ni mar a punto de extinguirse- no está a la altura de tanta lujuria, aunque llegada a una edad -que algunos consideran no reembolsable- se da el lujo de permitírselo todo, *absolument tout*.

El Cortejo

> *Detente, sombra de mi bien esquivo,*
> *imagen del hechizo que más quiero,*
> *bella ilusión por quien alegre muero,*
> *dulce ficción por quien penosa vivo.*
>
> Sor Juana Inés de la Cruz

Voz in: Apothecarius *Cast. "boticario"*, actual *"farmacéutico"*. *Persona que vende especies y elabora fármacos prescritos por los médicos. Del lat. "apothecarius" y este del griego apotheke, 'depósito, almacén'.* (Apothecari <https://www.um.es › index.php › lexico › apothecari>)

Apotecario usa lentes, tiene ojos marrón oscuro y no brillan. Le entrega el *voucher*, uno de sus dedos toca el suyo, por unos segundos.

Compradora: Estremecimiento. Sentí el roce de su dedo índice con el mío debajo del comprobante. Al salir me acordé de Miguel Ángel: *La creación de Adán* (*Creazione di Adamo*) en la Capilla Sixtina. Aunque en la pintura los dedos de Dios y Adán no se tocan. ¿Por qué?

Ysabella L. Mondragón: Se observa que los dedos de los protagonistas nunca logran juntarse, pero ¿por qué? Esto podría tener una respuesta sencilla. El índice de Dios se encuentra totalmente estirado, intentado y demostrando una disponibilidad absoluta para llegar hasta el hombre… para decidir si tocar para llegar a Dios o no.

Compradora: ¿Quién mantuvo por debajo del comprobante el dedo curvado y quién el dedo estirado? Estoy segura de que quien recibe es el que curva el dedo, mientras que quien entrega lo alarga. ¿Soy yo entonces la que evita el encuentro con dios?

Sin avisar

*Bestia ha de ser quien ase el fruto del apothecarius
aunque jugoso, suave como el algodón
dulce como las fresas en verano
ácido y carnoso como el arándano azul
así ha de ser este pequeño e inofensivo apotecario.
Y de pronto: un ¿si?, que casi suena con voz dulce.*

Escena: Compradora, con lentes empañados por una mascarilla, ante el mostrador: "hoy no puedo verte, los lentes, la luna de mis..." dijo, sin tomar conciencia de a quién se lo "encajaba":

Apotecario: ah...

*"Fue la máscara lo que ocupó tu mente
Y puso a latir tu corazón después,
no lo que hay tras ella".
"Pero a menos que seas mi enemiga,
yo debo indagar". (W. Yeats)*

Compradora: Sus ojos de tímida estatuilla parecieron profanados por un par de frases equívocas. *Touché*, me digo, avergonzada.

Ahora lo sabe. ¿Puede una estatuilla imaginar? No es alto, solo conozco la mitad de su rostro, la mascarilla cubre su cara desde el tabique de la nariz hasta la barbilla. Su corte de pelo es militar, su piel tiene el color de las castañas o mejor, el de la nuez pecana.

Voz in: Una frase en *Mosukei* o *Mokusei* de Cees Nooteboom da en el clavo de lo que Apotecario podría pensar de sí mismo, si es que piensa de sí mismo algo como "La compradora entra a una bodega y pide: ¿tiene usted pescado que no sea fresco?"

Escenas con narrador falible

Compradora: Lo miro. Y él repite "señora". O de pronto me espera o se cruza en mi camino. Pregunta por qué. Yo no respondo, lo miro queriendo llegar al mar, lanzarme sobre las rocas, ahogarme en una playa olvidada.

Escena:

Ext. Hora: 13:00 pm; un día de agosto cualquiera, nublado. Apotecario viste una camiseta de manga corta, a rayas verticales rojas y negras. Está de pie, detrás del mostrador. Se notan sus brazos, tiene vellos, se frota a la altura del codo. Única mirada a la máquina registradora. Voz suave, resbaladiza: dice el precio. Su voz se eleva apenas y cae sobre la frente de Compradora.

Constantino Cavafis: *Mucho he mirado...* Líneas del cuerpo, labios rojos, sensuales brazos...)

Escena:

Int. Apotecario bebe sin mascarilla un refresco

Compradora: ¿Quién es él sin máscara?

Int. Apotecario pone sobre la mesa el comprobante de la compra, ningún roce esta vez.

La víspera

mi bote elige dónde pasar la noche cuando el sol declina.
Tiao Chuang Shou (III d.C.)

Voz in: La figura de Apotecario se aleja con la marea, es como aquella adolescente que no tuvo antes de morir la noche de placer prometida, única y última, con la que soñaron sus padres desde el más allá. El muchacho se pierde en el horizonte sobre una barcaza, se ha quitado la máscara.

Poveglia. La isla del no retorno. De nuevo la peste. En la isla del no retorno se aislaba a los infestados por la Peste en el siglo XIV en Europa, cuando la muerte te emboscaba a la vuelta de la esquina. La máscara salva. Sí, ella. Apotecario cometió el ilícito de arrancársela para beber un refresco. ¿Será almacenado junto con otros en Poveglia?

Compradora: Un juego, sí. ¿Es Apotecario otro personaje de De Musset, uno pospandemia?

Luo Bai: Su figura, su mirada, el misterio que hay detrás de la mascarilla.

Compradora: A las 13 pm, Apotecario solo miraba la PC, y fue menos de un minuto.

Luo Bai: Hora de almuerzo... quizá haya estado esperando a alguien...

Compradora: Como estaba con manga corta, pude ver sus brazos.

Luo Bai: ¿Cómo eran sus brazos?, ¿su piel?, ¿el color?, ¿tatuajes?, y sus manos, sus dedos, sus uñas, ¿cómo son? ¿es hábil despachando? Si lo es, entonces tiene manos y dedos ágiles, sensibles.

Compradora: Sin tatuajes, morena piel con vellos negros, algo le picó a la altura del hombro y ... ah, me hubiera gustado… ya sabes. Sus uñas limpísimas. Grandes cuadradas.

Luo Bai: Es cuidadoso entonces. No es común que los jóvenes que atienden tengan cuidado con sus uñas, sus manos. Sin tatuajes, morena piel con vellos, maravilloso, algo le picó a la al... piel morena, lindo, con vellos que es algo atractivo. ¿Su cabello?

Compradora: Sus brazos, sobre todo el izquierdo que observé mejor, me inspiraron anoche. El cabello es corto, negro, el corte ese, estilo militar. No es punk, no es hippie, no es queer. Su voz lenta, monocorde, de registro bajo, pero no grave.

Luo Bai: Un brazo fuerte sin llegar a lo grotesco, piel suave, morena, capaz de rodear la cintura completa. Se cuida, se gusta y quiere gustar.

Compradora: Claro, la timidez.

Luo Bai: El cabello corto denota limpieza, ser detallista. ¿Una voz capaz de invitar al enamor…?

Compradora: Es prolijo, callado, no mira ni habla, solo lo necesario, es eso lo que llamó la atención cuando me saludó.

Luo Bai: Mecanismo de defensa: evadir miradas, hablar poco, evitar cualquier contacto mayor al de la atención al cliente.

Compradora: Una voz que me sorprende. Apotecario, de quien ni siquiera sé el nombre.

Luo Bai: Es tímido, quizá también sea temperamental... Interesante, una voz que fue como un rayo de luz en una mañana de invierno.

Voz en off:

(Lee) Sobre la mesa de noche, (una hoja escrita posiblemente de madrugada: "Cómo dejar de entrever en la vigilia antes del sueño el brazo izquierdo, esos vellos. Ergo, lectura de un poema de Cavafis…Hacía frío y estaba con una camiseta rayada deportiva, ¿la marca del local?, sin mangas."

Luo Bai: …una voz con cuerpo de piel morena, basta y sobra, el nombre ya no es necesario.

Compradora: ¿Tenía calor?, hacía frío ese día.

Giacomo Joyce: "Esos dedos calmos fríos han tocado las páginas, impuras e inmaculadas, donde mi vergüenza florecerá para siempre. Dedos calmos y fríos y puros."

Luo Bai: Claro, entiendo muy bien, y si es realmente tímido, podrías sentirlo así, y cómo abordarlo sin que se esconda en su caparazón… *em seus braços você quer acordar no amanecer.*

Compradora: ¿Pessoa?

Luo Bai: Luo Bai

Compradora: Perfumado no sé, cuando ha pasado muy cerca rumbo al baño y yo estaba en otro mostrador, no he percibido aroma alguno, y menos con la mascarilla… Luo Bai escribe como Pessoa.

Luo Bai: Estudió portugués en 1993, en el CEB y tiene sus heterónimos también...
Compradora: Yo habría dicho, ¿tienes tanto calor con este frío? Buen heterónimo.

Luo Bai: Con seguridad es perfumado, en las mañanas, cuando ingresa, debe invadir todo el espacio con su olor y los objetos de la tienda se apropian de él.

Giacomo Joyce: "Su cuerpo no tiene olor: una flor sin aroma"[i]

Compradora: ¿quién se impregna de su perfume?

Luo Bai: Ahmed Farh, uno de los heterónimos de Luo Bai, te dice que es imposible que te desprendas de su aroma ahora.

Compradora: Pues hablaré por Ahmed Farh.

Luo Bai: Ahmed Farth suele estar en la oscuridad, a veces con un café, a veces con una copa de brandy, leyendo, escuchando música, pensando mucho, estuvo un momento por acá.

Compradora: Sí, veo, pues su voz también debe escucharse. ¿Tiene acaso miedo de decir algo tonto? Que puede ser mal recibido. ¿Soy capaz de creer lo que me digo a mí misma? Jajaja

Luo Bai: 一

你的沉默
亲吻我的眼睛
和月亮
叹息

Luo Bai: 二

他的灵魂
休息
在她的微笑中

Luo Bai: *his soul rests in her smile,* es lo que significa el segundo texto en chino. El primer texto en chino mandarín: *your silence*

kisses my eyes and the moon sighs. Pensé en la mirada del apotecario y tus ojos.

Compradora: ¿*the moon sighs?*

Luo Bai: la luna suspira/imaginaba el encuentro de las miradas…

Compradora Manga corta, un leve escozor bajo la manga, sin introducir la mano, brazo izquierdo que es donde se vacuna a veces.

V.Nabokov: *Lolita*, luz de mi vida, fuego de mis entrañas. Pecado mío, alma mía. Lo-li-ta: la punta de la lengua emprende un viaje de tres pasos desde el borde del paladar para apoyarse, en el tercero, en el borde de los dientes.

Luo Bai: Solo tratas de leerlo. Y sí, brazo izquierdo, izquierdo… ahhh le dio calor entonces, pobrrreeeee, le deben… ¿estaba fastidiado?... ¿cómo son sus cejas, sus pestañas, su mentón, sus labios, sus orejas? identikit.

Compradora: No hay mentón, no hay labios, la cara llega solo arriba de la nariz. Una vez vi toda la cara cuando recién llegaba a la tienda, sin máscara se abre un rostro común. Sus ojos son de tamaño normal, ni grandes ni pequeños, oscuros, pero su frente es ancha, creo que esa frente con esos ojos, esa mitad del rostro es él. No quisiera que se sacara la máscara nunca.

William B. Yeats, *La máscara:* "Quítate esa máscara de oro en llamas con ojos de esmeralda". "Oh, no, querido, te atreves tanto para ver si es sabio o salvaje el corazón Y no es frío sin embargo". "Solo quiero encontrar lo que allí hay, Si el amor o el engaño".

Luo Bai: Un beso a través de la máscara... no se la quites.

Compradora: Su identidad no está en él sino en la máscara.

Voz en off: Vidente Carmen Briceño: el horóscopo del día:

"Espera como un cazador tu momento".

Luo Bai: Apotecario misterioso, de mirada impenetrable, brazos tentadores...
y del papel escapa a veces...

Compradora: Los lentes, ¿los llevo empañados?

Luo Bai: ¡Así es!

Compradora: Eso sí es divertido.

Luo Bai: Su disposición no será la anterior, definitivamente.

Compradora: Escucha esta música de Bill Callahan; rococo zaphyr, es lo -fi music, bacán, hecha con instrumentos obsoletos.

Luo Bai: ¡Escuchemos! para describir a Apotecario luego de una larga jornada. Apotecario ante el espejo, en un día sin horas, un día sin sol ni luna, un día más...Bill Callahan, qué voz, y qué música... tu casualidad hizo que encontrara de casualidad a Albertini y su Hybrid moments...

Compradora: ¿No es el azar lo que me ha llevado hasta ese mostrador donde despacha Apotecario? Y es el mismo azar el que lo compromete en este juego a él también. Porque entendió lo que quería entender. Como a los personajes en un cuento, los define su carencia.

Lou Bai: Fíjate que yo también, y lo más curioso es que descubro personas, lugares, situaciones en común...

Compradora: Apotecario entró en el turno de tarde, incluso con esa luz de las 6 pm, puede ser más sugerente todo.

Luo Bai: Exacto, entendió lo justo y necesario detrás de esa mascarilla, te contaré de ese personaje hecho de silencio.

Compradora: El terreno de Apotecario está en el papel. ¿En el silencio?

Luo Bai: Esa novela, El minotauro, de Benjamin Tammuz. El destino: un espía que se enamora y desde diferentes perspectivas conocemos su vida, no como en *El sonido y la furia*, es otra forma. El azar moviliza a los personajes.

https://www.youtube.com/watch?v=KNYi2h4HC50

Marea

Luo Bai: ¡Por Apotecario!
Apotecario merece una mirada indulgente, sí, es un personaje activo, tiene vida, no es invisible.

Luo Bai: Esto me recuerda esta canción:

https://www.youtube.com/watch?v=4gK1ZeBW438

Chet Bake

I am a fool to want you (live)

Luo Bai: La mentira a veces es placentera...
Compradora: Como para ir flotando sobre las olas.
Luo Bai: Una suerte de espejo: sí, olas que se forman entre las miradas. Que los brazos de Apotecario acompañen tu sueño.
Compradora: Ajá, el izquierdo.

Voz en off: Vidente Josie Diez Canseco en ritmo romántica, tu radio de baladas

> TU NÚMERO DE SUERTE: 2
> TU PALABRA CLAVE: EQUILIBRIO
> TU COLOR DE SUERTE: FUCSIA

Compradora: Mis sueños dulces son sueños. La compradora salió de su cueva, lo vio sin mascarilla un instante, se la bajó para beber su gaseosa, cara un poco redonda; ¡ah, un desconocido!

Luo Bai: Mis sueños dulces son sueños, el día, la luz, el frío no fueron favorables... sin mascarilla fue un desconocido, su performance también lo mostró como un desconocido, quizá la compradora también se mostró desconocida, fueron dos terminales con los mismos polos, no fueron opuestos... la vida aseguraban, mientras con mudas voces impugnaban la información, callados los sentidos con no replicar sólo defendidos; y la lengua, torpe, enmudecía, con no poder hablar los desmentía... Sor Juana, el silencio desfiguró el reencuentro ansiado entre Apotecario y la dama de mirada intensa, ¿será que el silencio es el peor enemigo de los amantes?

Compradora: Hoy, un golpe, el papel yace incorruptible sobre el mostrador. Parece decir: cógelo, no me roces.

Luo Bai: Y sor Juana continúa, en su *Primero Sueño*... Y por mirarlo todo; nada veía, ni discernir podía... Sor Juana, me atrevo a preguntarte nuevamente, ¿qué, el silencio desvía el azar al fracaso? esa violencia, esa descortesía, como respuesta obtuvo el silencio, y descortesía para él, quizá, para la compradora solo fue la huida inminente.

Compradora: El hechizo se pierde cuando se quita la mascarilla. Lo vi, pero él no vio que lo vi.

Luo Bai: Y los pedacitos del hechizo roto fueron salpicados en toda la tienda, alcanzaron la mascarilla con la que se volvió a cubrir, pero ya era tarde, de esa mascarilla colgaba la posible tensión...el temor del acoso, me ha sucedido, y he desistido de seguir o quizá perseguir: dos años seguidos las miradas se encontraban, a veces esquivaban; el lugar de encuentro inevitable: el baño; el otro encuentro, en oficina; con destreza supo acercarse, de palabra rápida, y proximidad audaz, pero algo fallaba...

Compradora: El baño; es un lugar privilegiado. Veo mi reflejo en el lago.

Lou Bai: El lago, tu lago, nuestro lago, era cristalino, transparente, a veces aparecía Nessie, pero todos lo conocían… ahora el lago de estos tiempos está con todo tipo de desechos.

Compradora: ¿Nessie?
Luo Bai El monstruo del lago, leyendas que la gente ha creado sobre el lago Ness, en Escocia, desde el siglo VI DC.

Compradora: Antes que todo, la música.

La Tierra canta Mi, Fa, Mi
(https://www.nobbot.com> /)
¿Quién abandonó la esperanza de oír la música de las estrellas, esa melodía de los planetas alrededor del sol de la que hablaba Kepler?

Voz en off:
El tiempo enrollado forma rizos al transcurrir. Un cactus en el desierto blanco, un cactus, sí, un cactus, encanto de mi vida.

Compradora: Si la nostalgia es la primera condición de la comedia, Bill Callahan trota en su caballo por el desierto donde sopla el céfiro. Céfiro, como dios griego del viento, fue el padre de los caballos de Aquiles, hijos de la arpía Podagre. Zephyr, Favonio para los romanos. Con sus alas llevó a Psique a los brazos de Eros, pero se interpuso entre Jacinto, el joven príncipe espartano y Apolo, y, celoso, le provocó la muerte desviando un disco lanzado por Apolo.

Céfiro

(EcuRed https://www.ecured.cu › Céfiro)

El poema sobre la nostalgia deconstruye la imagen deseada.

Jarry: Escribir un poema a ella que falta a la cita/(o que todavía no llega)/parece una carta arrojada al mar, un papel con signos extraños/que nadie descifrará más allá/de mi propia nostalgia que a nadie importa,/ cuando ella no se presenta a la cita/ (…) pensar que ella no viene/porque nunca existió. (Enrique Verástegui, "De una libreta")

Fernando Pessoa: ¡Mas quien siente mucho, calla;/quien quiere decir cuanto siente/queda sin alma ni habla,/queda sólo enteramente!

Luo Bai: Cuello suave, cuello acariciable. ¿Habrá sido The look of love? *At last la Compradora showed up in front of Apotecario and he stared at her, he was so excited that he couldn't help stop looking at her eyes, her neck, her arms, ¿her way of walking or just a little bit of Fever?*

Compradora: No era cuello largo, piel a la luz de la mañana, marfileña; pero cuello macizo, pegado a la nuca, alcancé a oír el tono de su voz, sin dejo, monótono, bajo, pero no grave.

Luo Bai: El azar, ¿compradora volverá por otro antojo del azar? pero qué oportunidad pudo ser de haberse tropezado…

Compradora: Porque nunca existió, dice el poeta.

Dado de 7 caras

Luc Zepol: *Without any mask there is no chance to hide from themselves, there is no choice to run away from their destiny. The former story is over, a new one is coming from the warm dawn. Fate, roll the dice of seven faces and speak up now!*

Luo Bai: *Num mino aconchegante há uma pequena rosa vermelha e um lindo corvo preto lutando até o amanheçer ou talvez eles estejam fazendo amor. Só a lua sabe.*

Voz en off: Luo Bai presenta a Jayah.

Jayah es una gitana errante, segura, infatigable; de presencia onírica, sempiterna; viaja sola, cubierta del cielo nocturno y de sedas de colores hasta los pies; cruzado entre sus pechos sedientos lleva un morral viejo en el que guarda un dado de siete caras, una baraja del Tarot, una flor marchita y un pañuelo bordado; sus iris de violeta intenso con pintas blancas horadan los sentidos y hechizan; rostro breve, cuello largo, manos firmes, decididas, violentas a veces; piernas largas, caderas vigorosas; camina descalza sobre las rocas, el mar, las nubes, las copas de los árboles; se alimenta de la luna y del sol; sobre su piel caliente capulí cae su cabellera larga, ensortijada, sin edad. Jayah es una estrella aislada, brillante, pertenece al infinito. Es el internuncio de amantes. Descifra sortilegios en sus ojos.

Compradora: Que tire los dados de 7 caras la gitana.

Luo Bai: Apotecarius será atento, ¿se acercará a la compradora? El dado de 7 caras se pierde entre los dedos ágiles y callosos de la gitana Jayah. Lanzará tres veces y el último tiro será el elegido...

Voz en off: Jayah frota el dado con ambas manos, con la izquierda lo encierra, sopla y lanza el dado... primer tiro: 4... vuelve a tirar con la misma mano... 2...

Jayah: Salió 4, luego 2, efectivamente, habla el 6 que coincide con el 6 del mes, con el día desde el que no se ven uno al otro...

Compradora: Luo Bai pregunta a Jayah por qué puede ser tan importante el número 6.

Jayah: el número 6 es muy especial, es el que acerca y junta, pero Compradora, sin saber, ha desviado su curso hacia el alejamiento. Sin embargo, el número 6 por ser especial volverá a su tarea: los juntará, pero aún falta el número final, el que decidirá...

Compradora: Luo Bai, pregúntale a Jayah si no estoy mirando el abismo. ¿Es eso?

Jayah: Compradora, el abismo está lejos de ustedes, pero lo atraes, por qué, Compradora, cuando el 6 busca juntarlos...

Compradora: Cómo juntar el abismo con una nube, pregúntale a la gitana.

Jayah: Dado, habla.

Voz en off : La gitana toma el dado con la mano derecha que besa suavemente, reza en lenguaje desconocido mirando al horizonte, traspasa los ojos de la Compradora que está como hipnotizada por los ojos azur- violeta de Jayah, el tiempo se detiene por un momento, las pupilas de esos ojos extraños se pliegan y la Compradora llega a ver dos abismos de árboles de goma fantasma y roca naranja, sobre los que dos nubes se posan ligeramente... ligeramente... e ingresan en el abismo hasta perderse... las pupilas regresan a su forma y Compradora despierta.

Jayah: 1, el Dado habló... uno de los dos propicia el alejamiento por temor, por salvaguardar su bienestar... el 1 habla... el temor abrasa el corazón de Compradora...

Compradora: Luo Bai, es de rigor preguntarle a Jayah si el 1 es el que corresponde al temor y si habla el Dado para decir que Compradora es la más vulnerable, o la que más pierde en este juego.

Jayah: Compradora, el número 1 enmudece tu elocuencia cuando con ella has enfrentado grandes batallas, de las que has salido victoriosa... Apotecarius no es tu enemigo, es inofensivo, en realidad, aunque los problemas hogareños lo abruman... no permitamos que el 1 se imponga al 6, juntemos los números... 1 y 6... ah, el 7, gran giro le ha dado al 1.

Compradora: Luo Bai, no sé qué decirle a Jayah, es sabia, es radical también.

Jayah: Porque en el amor, y en el deseo, hay que ser radical... Compradora, mañana es 26, no dejes pasar el 6, *levántate y lúcete*; haz gala de tu elocuencia, arráncale una sonrisa a Apotecarius que espera... te espera...

Compradora: Le pregunto a mi caracola, a mi concha, ¿acaso puedo?

Jayah: Compradora sí podrá, hay dos números que confabulan para que así sea: el 6 y el 7. Compradora, vaya con una sonrisa discreta... su sonrisa será la flor azul para Apotecarius...

Compradora: ¿¡Ir así?

Jayah: sí, con ese andar decidido y la mirada hacia la presa elegida.

Lui Bai: Día 26, ¿Compradora habrá ido a la tienda por Apotecario?

Voz in: No fue Compradora a la tienda, y pasó dos veces sin mirar al interior, para no ser perturbada.

Jayah: Compradora tiene el 6 y el 7 a su favor para que los use en cualquier momento, no hay prisa, no hay prisa... Compradora, no es necesario que entres en la tienda, basta con haber pasado dos veces, las veces que rodó el dado, el primero 6, el segundo 1, los dos juntos 7, como en el tercer lance, inevitable 7. Compradora no lo vio, pero él la vio y basta con ello. ¡Alto!. Ya no podrás huir de los ojos de Apotecarius que te tocan sin permiso. ¡Alto! Apotecarius no podrá huir de tu deseo, Compradora.

Florilegio

Honte (Vergüenza)

(Dos estrofas)
Mientras la cuchilla no haya
cortado este cerebro,
este bulto blanco, verde y graso
de vapor jamás nuevo,
(¡Ah! ¡Él debería cortarse
la nariz, los labios, las orejas,
el vientre, y abandonar
sus piernas! ¡oh maravilla!)
(Rimbaud)

Tú que de la nada sabes más que los muertos

Angustia Stephane Mallarmé
   (Dos estrofas)

No vengo esta noche a vencer tu cuerpo, oh bestia en quien van los pecados de un pueblo, ni a cavaren tus cabellos impuros una triste tempestadbajo el incurable hastío que derrama mi beso:

Pido a tu lecho el pesado dormir sin sueños que se cierne bajo las desconocidas cortinas del remordimientoy que puedes degustar tras tus negras mentiras. (versión Juan Carlos Villavicencio)

Mara: Vehículo no carnal, entidad figurada. Culmina un proceso *incarnatio* o
  des-privado.
Alcanzar la verdad para los budistas es vencer el temor al sufrimiento, el cuerpo es sufrimiento.

Apothecarius
-ácido
-carnoso
-azul
-arándano
-pequeño
-inofensivo
-algodón
-fantasía
-afrenta
-retórica
-seducción
-tumba
-Malum

Los monjes budistas no le daban prioridad al cuerpo, pero tampoco lo ignoraban

Compradora sobre Keats: la *belle dame sans merci* extiende los brazos con la codicia de un fantasma que necesita renacer en otro cuerpo.

Florilegio

La Belle Dame Sans Merci
(John Keats - 1795-1821)

(3 estrofas)

I
¿De qué adoleces, caballero,
tan sólo y pálido vagando?
Del lago el junco se ha secado,
y no cantan los pájaros.

II
¿De qué adoleces, caballero,
desmejorado y miserable?
La ardilla ha llenado su granero,
se ha dado la cosecha.

III
Un lirio veo sobre tu frente
de helada angustia y fiebre en vaho,
y en tus mejillas una rosa
también se ha marchitado.

Luc Zepol y Ahmed Farth escriben detrás de la mascarilla

Luc Zepol:
It's enough
the heart cried
the wicked threads
came loose
of the eyes and mouth
over an empty bonfire

Luo Bai:
a mesa
o vino
o pão
a gente
a rua
a loja
a janela
a porta
o retrato
tudo
é embarçado
tudo é distante sem você

Ahmed Farh:
the scale
weighs the morning
forcé
and the night gravity
the needle always
marks zero

Safo: no sé lo que persigo: mi mente está partida en dos

Voz en off: *Fin del primer tramo y fin de la peste. El Ministerio de Salud deja sin efecto el uso obligatorio de mascarillas.*

Luo Bai y sus heterónimos responden:

vrai homme? était-il ce jeune homme dont tu rêvais et dont tu désirais les lèvres et les bras? je ne sais pas Luc Zepol: Sous le masque il n'y avait pas de bouche, pas de nez, pas même un sourire il y avait juste un gribouillis en bleu était-ce un rêve? un fantasme? peut-être un cauchemar? un fantôme?

Ahmed Farh: الجسم كالحرير العطر يشبه الهالة إنه هو

Compradora: Compradora tiene miedo de ir y no ver a Apotecario, pero también tiene miedo de ir y verlo. Que Jayah lance el dado de 7 caras y juzgue a Compradora por su actitud.

Jayah: Whether Compradora cannot see Apotecario or Apotecario does not want to see Compradora/Why do love is a vine that wraps around the climber to kill him when he gets to the top of the mountain?Maybe it's because the vine is you.

(Si Compradora no puede ver Apotecario o Apotecario no quiere ver a Compradora. ¿Por qué el amor es una enredadera que envuelve al escalador para matarlo cuando llega a la cima de la montaña? Tal vez sea porque la enredadera eres tú.)

Compradora: El final es el final: the vine is you... the vine is you.

Jayah: Que el tiempo no borre su cabello, sus ojos, sus cejas, su piel, sus brazos... los ojos de Compradora se irán acostumbrando a su rostro total.

Voz en off: Hmm... veremos el dado... Jayah está concentrada, lo sujeta en su mano izquierda... La gitana heredó de su abuela el pañuelo y una baraja española, pero Jayah prefiere el dado... y leer las manos...Jayah lanzó el dado sobre el pañuelo bordado... 3...

Jayah: es el juego el que rige las agujas del reloj... tac tic... en sentido contario... giran como la Compradora lo desea... quiere jugar, pero no sabe si Apotecario desea lo mismo. ¡Alto!: ¿Apotecario habrá reparado en ello? Alto: cuidado con que las agujas del reloj regresen a su giro natural...

Amed Farh narra la historia de Jayah. Prefirió usar el nombre en sánscrito विष्णु para referirse al dios Vishnu: Los ancestros de Jayah provienen de una India de bronce en donde la palabra hablada era la memoria, representaba la brújula, emanaba la fe en nombre de विष्णु, cantaba sus guerras, leyendas y romances en cada una de sus vocales y consonantes más allá de donde brilla Dhaneb. Se hicieron trashumantes en busca de tierras fértiles en donde las guerras y las pestes no los asolaran. Vivieron milenios de avatares, de jóvenes bravíos, de sabios ancianos, de hijos muertos recién nacidos —los cristianos decían que era el castigo de su dios por ser fruto del pecado— y se fueron dispersando y dejando descendencia en Mesopotamia, Egipto, los Balcanes, Grecia. Cuenta la leyenda que Abraham y Jovanka tuvieron descendencia mucho antes de que naciera Ismael, de la cual provendría Jayah (En Unrevealed stories, pp. 1356-1411).

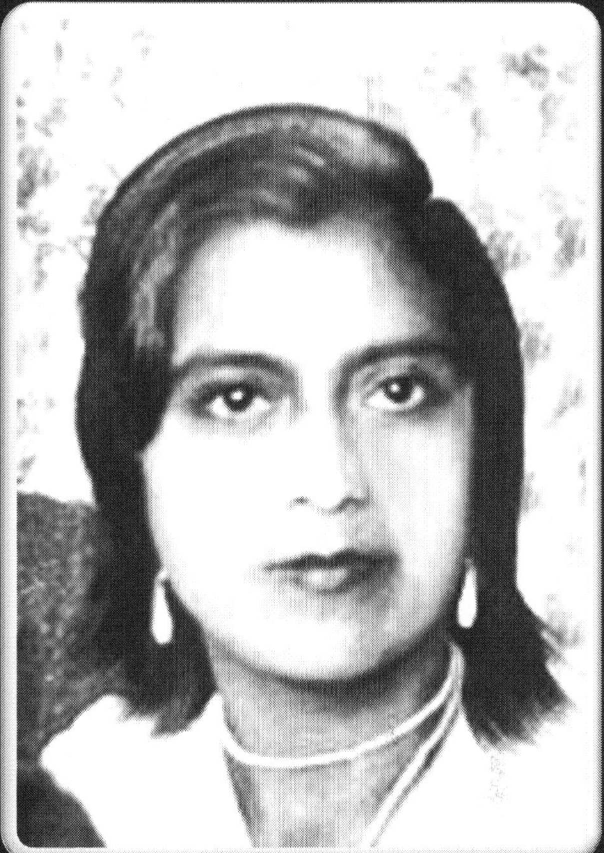

Compradora: Quién dijo: "El amor es un error. ¿Quién entiende el amor? "No necesitas entender el agua para zambullirte".

Sigmund: Diálogo entre Freud y Franzel, un adolescente de 17 años en Viena, poco antes de que Hitler subiera al poder. Tres consejos de Freud al chico enamorado de Aneschka, una prostituta de Bohemia en *Der Trafikant* (*Coming on age* oder *Bildungsroman* en cine: 1.- Para la cabeza: No pienses en el amor; 2.- Para el estómago: sobre las pesadillas y sueños que atormentan a Franzel: escribe en una libreta tus sueños cuando despiertes; 3.- Para el corazón: Recupera a la chica u olvídala.

Luo Bai: Pregunta para Jayah: cuál de las tres debe seguir Compradora.

Jayah: 3 consejos sobre los consejos. Para la cabeza: enamórate del amor, mas cuídate del amado. Para el estómago: escribe tus pesadillas, tus sueños, tus alegrías y lamentos. Para el corazón: recupera al amado solo si este se deja amar, si no, olvídalo.

Voz in: Compradora pasó en un taxi por el local, vio a Apotecario de lejos atendiendo en el mostrador, tenía puesto un polo negro de manga corta. Desde el coche vio su brazo, luminoso, de puro mármol.

Jayah: Un brazo hermoso de mármol. ¿Qué decidirá Compradora? Hace unos días el dado de siete caras cantó el 3 del juego... mañana es día 3 de otro mes... preguntaste por el consejo número 3 de Freud al adolescente... tres veces tres.

Luo Bai: Compradora, tus días de la suerte serán el 3, 6 y 9. No los dejes pasar...

Compradora: Ah, la terza rima… Compradora dejará al azar tan apreciado por ella el desenlace de la pregunta 3. El número 3: símbolo de la perfección divina.

Voz in: *Lasciate ogne speranza, voi ch'intrate.*

Compradora: El azar mueve el mundo, la vida y el destino. Cuando buscas te pierdes. Solo encuentras si no buscas. Por azar.

Jayah: Cuando te pierdes, podrías encontrar más de lo esperado.

Luo Bai: Jayah conversa con el azar, no lo desafía, pero sí pactan... juegan... Según Jayah, el 3 es el número predilecto del azar...

Voz en off: Compradora pasó de noche rumbo a la farmacia, Apotecario estaba sentado en un banco alto, concentrado en un objeto; se duda de que fuera un libro. Está segura -por la época- de que se trata del mismo objeto que todos tienen siempre entre las manos, el celular. Compradora lo ha visto en la misma postura en dos oportunidades: al mediodía y de noche. La tercera vez que lo vea en la misma postura, en comunión con el objeto mágico que tiene entre las manos, apoyado sobre sus piernas, se completará el esquema del número predilecto del azar.

Jayah: podría ser que se cumpla el tres veces tres sumergido en ese aparatito extraño que lo desvincula de la realidad, de Compradora, o quizá esté atento, detrás del mostrador, observando la gente pasar mientras espera que Compradora aparezca nuevamente...

Compradora: Puede ser, hoy Compradora pasó rumbo al salón de belleza, de día también lo vio en el mostrador, probable turno de mañana y tarde, qué extraño, pues Compradora lo vio anoche a las 7 y lo volvió a ver a la 1pm. Compradora no entró pese a que tres geranios de un jardín decían que entrara, pero era el día 4, no era la fecha que señaló la gitana. Y Compradora pasó de largo.

Jayah: Juntemos los números... 1 y 6... ah, el 7, gran giro le ha dado al 1 (3 geranios), juntamos el 3 y el 4. Alto: nuevamente aparece el 7.

Jayah: Así es, no es la fecha aún... Compradora, aguarde el día 6 o el día 9... aunque en este juego numerológico, el 7 nos llama también... el número del conocimiento, pero también de la atracción... los amantes se buscan sin saberlo...

Luo Bai respondió a su propio mensaje: Jayah frota el dado con ambas manos, con la izquierda lo encierra, sopla...Sin embargo, recordemos que hace 9 días el dado cantó 4... hoy es 4... seguridad, detalles, franqueza, ¡de la decisión! ¡Compradora tomó la decisión de regresar en la fecha señalada!

Voz en off: Partículas entrelazadas: "Llamado **«espeluznante acción a distancia»** por Einstein, el entrelazamiento cuántico es una suerte de «sincronización» que une a dos partículas, sin importar la distancia que las separe; dicha unión consiste en que estas partículas, una vez que han entrado en contacto y se han entrelazado, comparten estados complementarios simultáneamente (es decir, el estado de una influencia a la otra). Cabe aquí recordar que, de acuerdo con la mecánica cuántica, las partículas están en una superposición de estados (en varios estados a la vez), «su estado está dado por una **función de onda** con valor diferente de cero en los dos estados a la vez.″

(https://soloesciencia.com/2018/02/27/entrelazamiento-amor-al-mas-puro-estilo-cuantico/)

Si una de estas partículas puede enviar información a su pareja sin estar cerca y a grandes distancias, por qué Compradora no podría estar segura de que sus pensamientos actúen como partículas entrelazadas, en el caso de que las ideas, los deseos, los pensamientos estuvieran integrados también por partículas atómicas. Pregunta para los heterónimos de Luo Bai.
Luo Bai: Los heterónimos están disertando... las voces se entremezclan...Se reunieron Luo Bai, Luc Zepol, Ahmed Farh, Sumaq Wayta, convocados por Jayah.

Compradora: Compradora soñó con Apotecario, pero no con él sino con la dueña del local, que decía: ¿Ya lo sabe? ¿Qué? le contestó. El chico que atiende se iba a ir a EEUU pero tuvo que quedarse a trabajar, está pronto a embarcarse en el avión, estoy avisando a los clientes.

Jayah: temor de que se vaya... Hoy es el día 6, ¿pasará Compradora por la tienda? Compradora, es su segunda oportunidad.

Compradora: Pasará.

Jayah: Sí, Compradora, pasa... que él está más atento de lo que crees...

Compradora: Pasó y lo vio; tenía puesta una camiseta corta, gris claro, Compradora prefiere el color negro. Con el gris su figura se diluye en el ambiente. Escuchó el sonido de las monedas, con que seguro le pagaron a Apotecario, él las iba soltando una a una en un recipiente, se parecía al sonido de las fichas al caer en el casino, cuando sueltan la ganancia del día.

Jayah: Compradora se deleita observando la figura de Apotecarius, lo viste con una camiseta negra al compás de Stardust... desliza sus manos sobre su cuello, sus hombros, su espalda, sus brazos, sus manos e introduce la camiseta despacio, evita rozar más de lo permitido...

Voz in: Los heterónimos siguen discutiendo.

Luc Zepol: "you must talk to him" Luo Bai "你跟他说话" "você deve ir à loja" Ahmed Farh "يجب أن تنساه" Sumaq Wayta "ñawinta qhawanayki tiyan" Jayah "दैवः तान् एकत्र आनयति"

Voz en off: Todos hablan a la vez, no se escuchan. Jayah lanza el dado de las siete caras y canta una vez más en su lengua milenaria त्रयः, दैवः तान् एकत्र आनयति

Respuesta de los heterónimos: Luc Zepol: las partículas atómicas son únicas y diferentes, pero sus diferencias no las repelen entre sí. Ahmed Farh: se atraen por una combinatoria de códigos específicos e inteligibles. Sumaq Wayta: en su especificidad subyacen mensajes con los que cada partícula distinguirá su papel dentro del sistema.

Luc: la onda que las rodea y reúne en un solo ser... Ahmed: solo podrá conectarse a otro ser porque ambos comparten el mismo lenguaje... Sumaq: en una atracción mutua como almas gemelas que se comunican y se accionan desde diferentes coordenadas, incluso tiempos. Jayah: Sus pensamientos son partículas entrelazadas que pertenecen a un mismo sistema.

De aquella confusión de voces que buscaban confundir y dividir, Jayah concluyó todo lo contrario.

Compradora: Compradora pasó por el local, Apotecario estaba atendiendo en la mañana, De ida, volteó a ver, pero Apotecario al parecer no miró hacia la calle, pero de regreso Compradora volvió a mirar al interior y -si no fue fantasía suya- llegó a percibir un ligero movimiento de un ojo -como de un caballo -los caballos los tienen a los costados-, fue un mirar de reojo muy rápido ya que estaba atendiendo.

Luo Bai: mañana es 9, el día no te pareció: él te buscó con la mirada, las partículas de un mismo sistema se atraen…

Voz in: O quizá era solo una estatua, un robot, Compradora le dio cuerda y se movieron sus ojos, alzó la cabeza, se escuchó su voz.

Jayah: Los pensamientos son partículas que se entrelazan. La Lune… el sueño de la noche, el silencio…el azar determinante.

VI

L'AMOVREVX

LA·ROUE·DE·FORTUNE

XX

LE · JUGEMENT

Jayah: las ३ cartas se juntan en el orden que corresponde a cada una 6, dos veces 3; sin embargo, aparecen dos números pares: 10 y 20, que sumados resultan 30 = diez veces ३

Luo Bai: El ३ sigue rondando...

Jayah: el 6 y el 10 juntos: liberarse del hechizo.

Luo Bai: El giro de la rueda de la fortuna (10) hoy, día 9...El 6 y 20: interesante, este número respalda al 10, respalda el deseo de conjurar hechizos. Esta es la lectura del presente, ahora viene la del futuro.

Jayah: Le Mat. La locura, la impulsividad, la exaltación La Compradora giró las agujas del reloj contra horario y detuvo intempestivamente todo.

Jayah: En el tiempo presente, el camino de las relaciones afectivas confusas. El carácter de Compradora: inquieta, vulnerable, arriesgada también, por lo que se hace necesario tomar una decisión. *Mes respects, Madame Délicate de la rue Lune.*

Voz in: En las cartas, la foto de una flor sin luz... el dado de 7 caras... el pañuelo bordado...

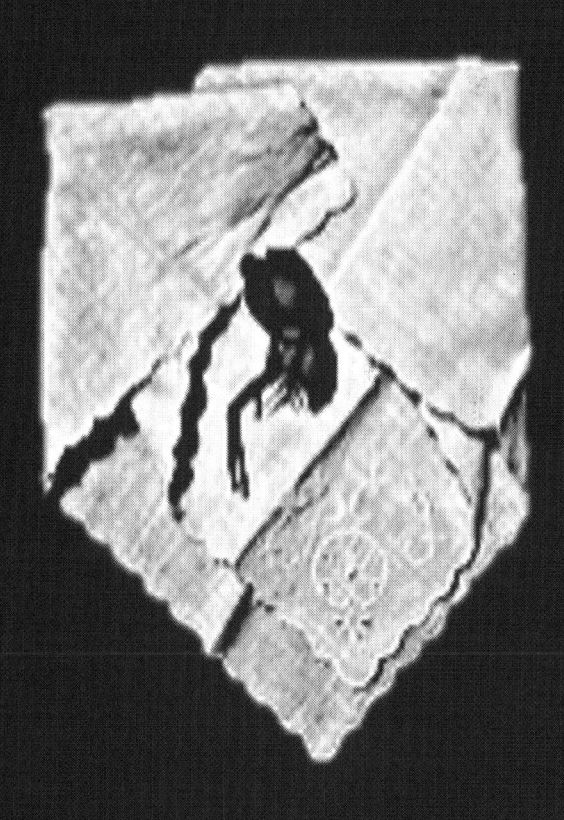

Luo Bai: pañuelo de la bisabuela Luminitsa (SXVI), gitana bicentenaria de origen desconocido como el de Jayah, junto al botón de una rosa marchita.

Jayah: el pañuelo representa la sabiduría que nos acompaña en el tiempo, sea cual sea el espacio que ocupemos. Estos tres elementos están unidos por infinitos hilos entrelazados, bordados, infatigables.

Compradora: ¿Luminitsa?

Jayah: todo está conectado. Se cuenta que a finales del S. XVII, Luminitsa, la bisabuela bicentenaria ya entrada en años, conoció a un joven e inteligente apotecario llamado Félix a quien su anciano marido, Vadoma, enseñó sus secretos de alquimia, los que despertarían unos años después su interés en la química y la farmacia. El apotecario de tan solo 16 años animó una extraña pasión en Luminitsa quien no dejaba de observarlo en silencio cada vez que visitaba a Vadoma.

Lo perseguía con la mirada; lo desnudaba con sus suspiros; se desvivía en atenciones hacia él. Le recordaba a su marido cuando era un mozuelo. Repentinamente, Vadoma cayó enfermo y solicitó a una mujer que lo llevara a su pueblo de origen en busca de yerbas y sales para curarse. Antes de partir, Luminitsa dejó una carta a Félix en un sobre lacrado, junto al botón de una rosa fresca y joven como él, y a un pañuelo con su intenso olor a especias. Al ver que la pareja de gitanos no regresaba después de casi una década, el apotecario se hizo del taller del anciano situado sobre la calle Atocha (en la actual Madrid) y decidió abrir una farmacia. James Morgan, "Footprints of alchemists", Bangor 1924, pp. 132-213.

Luc Zepol: Félix Palacios y Bayá, nació el 29 de octubre de 1677... ayer fue 29... murió el 18 de julio de 1737, de Madrid... múltiplos de 3, excepto el 29...

(Retratado por Pedro de Calabria Escudero)

Sigmund Freud: "Ya se puede ver el viaje"

Luc Zepol: the end after the previous end. And the previous end before the former end.

Voz en off: Entró Compradora al local y lo saludó mirándolo a los ojos directamente. Apotecario le devolvió el saludo con el ceño se diría que un poco molesto. Se mostró torpe o nervioso al dar el vuelto. Compradora agregó a la compra una lata de cerveza helada y se la entregó. Entonces escuchó su voz enfática, firme: "Ahora esto lo cambia todo". "Sí, esto lo cambia todo".
Compradora: ¿El final después del final?

Jayah: ceñudo... reclamo silencioso, desconfianza.. *Ahora esto lo cambia todo... Sí, esto lo cambia todo...*

Voz en off: "esto lo cambia todo", frase que se usa en algunos memes de Internet.

Luo Bai: El ceño fruncido de temor, porque hubo, porque no hubo, pero algo flota en el aire... cuidado con el gesto ceñudo, es demandante, aunque no lo exprese verbalmente.

Compradora: ¿Demandar qué?

Luo Bai: La presencia, para la contemplación y el sentido del olfato; la palabra, para el sentido del equilibrio; la mano para el sentido del tacto; falta el gusto... la cerveza.

Compradora: *Das Bier?*, metáfora espirituosa. Porque todo es un sueño, salvo "esto lo cambia todo".

Voz in: "Esto lo cambia todo".

Luc Zepol: Visita inesperada de Compradora

Luo Bai: Luc Zepol a veces es atrevido... mientras caminaba por la calle, pensó:
 Drink the sweet sap of my lips and I will sleep on your warm breasts. Y sopló en el pabellón de su oreja... rococó Zephyr.

Compradora: Pero alcancé a ver, porque mi vista no se equivoca un detalle: está aten...

Luo Bai: Apotecario no es simple, el pedestal en donde está lo hace invisible, ni llega a simple, y él lo sabe, pero ese pedestal es ventajoso: permite excusar su mirada de guardián... o gavilán.... *The end* no ha terminado. Solo es el primer *end*.

Compradora: Qué variables hay en la frase: *esto lo cambia todo* ¿un meme, solo un meme?

Voz in: El último día fue 6 de septiembre. Compradora desapareció durante 36 días y solo pasó de largo de modo furtivo.

Luo Bai: En total 36 días que solo pasó de largo ...

36/3 = 12, día 12, hoy!
los pensamientos son partículas de un mismo sistema; no habrá límites, sino el de seguir el juego, la historia... de modo furtivo.

Jayah!: el 6 del 9 fue la última vez, el 6 del 10 luego de un mes, hoy 12, luego de 36 días, 3 veces 12... y 6 veces 6...

Voz en off: Jayah cantó en sánscrito... por un momento pensó que *the end* de la Compradora había sido más poderoso que sus palabras... sintió que algo había fallado... pero no, estuvo en lo cierto: त्रयः, दैवः तान् एकत्र आनयति

Voz in: Compradora entró el día 14 de manera inopinada. De reojo vio a Apotecario sin la mascarilla, bebiendo un refresco. Sin la mascarilla, la realidad redefinió el rostro de Apotecario y compradora pudo ver la otra mitad, pero no como en las mujeres de Picasso, vertical, de perfil, desde el eje Z, sino desde su ecuatorialidad, desde el eje X, el plano cartesiano de su rostro unido por detrás de la mascarilla se dividió en dos bloques de carne asimétricos, desaparecieron el eje Y y el punto 0. Quedó a vista y paciencia poco más de la mitad del rostro: nariz cotidiana, mejillas diarias, mentón apagado, labios sin color, una piel afeitada sin rastros de bigote y barba.

Compradora: Vi su cara redonda, sus mofletes, tenía puesta esa camiseta roja a rayas y no parecía ni muy nueva ni muy tentadora.

Jayah: Fue día 14, no corresponde a uno de los números alternativos, ni es múltiplo de 3... veamos qué nos dice el Tarot, que hablen las cartas... carta 11, la fuerza. Tampoco es uno de los números elegidos. Compradora domina la situación, se siente más segura de sí, la revelación de Apotecario le ha permitido definir la situación: el fin después del fin… Siguiente carta, 14, la templanza. Tampoco corresponde a los números elegidos. Evalúa la situación y cuán conveniente es seguir. Este cuestionamiento apuesta, quizá, ¿por no seguir?

Voz en off: Jahn Sandoval, astrólogo, en el horóscopo del día

Te confías mucho del interés que guarda esa persona por ti. Esto a veces te lleva a darle y restarle atención de una manera intermitente. Evalúa tu actitud y trata en lo posible de no confundirlo.

Compradora: Quién pellizca tus mofletes.
Voz in: "¡Terrible, terrible Eros es! Pero ¿a qué andar diciendo, entre mil gemidos, que es Eros terrible? <silviapaton.blogia.com>

The end after the end

¿...de los más soberbios bemoles?: Su altitud está entre dos notas: *si bemol* es más aguda que el **si** y más grave que el **do**... *En la línea mortal del equilibrio.* (Vallejo)

Jayah: La música es matemática, el azar es matemático. Los números han señalado de manera fáctica tus días favorables, Compradora. La música dice quién eres: tu Do♯ sostenido denota tu circunspección; tu La♭ bemol conserva tus veintes prístinos; tu Sol♭ bemol enardece tu libido. El azar sigue calculando las dimensiones de tu espaciotiempo...

Luo Bai: Esta vez Jayah arroja bruscamente el dado de siete caras... aparece el 5...

Jayah: Compradora, sin mascarilla recobrarás tu nariz, tus labios, tus mejillas, tu mentón. Ya no serás la Danae de Klimt a la espera del chorro dorado… de Apotecarius… Sin mascarilla, Apotecario se verá despojado de rostro …

Luc Zepol: The end after the end… oh, my enchanted jasmine …
Ahmed Farh: At night a flower dies while a cricket sings… تموت زهرة

Sumaq Wayta: intipa uranpi musuq wayta rikurimunqa…

Luo Bai: 茉莉，渴望的芬芳之花

Jayah: El pequeño zorro aparece con su cola extendida al viento, trotando por ti, sobre las dunas… Compradora, लघु शृगालः धावतु…

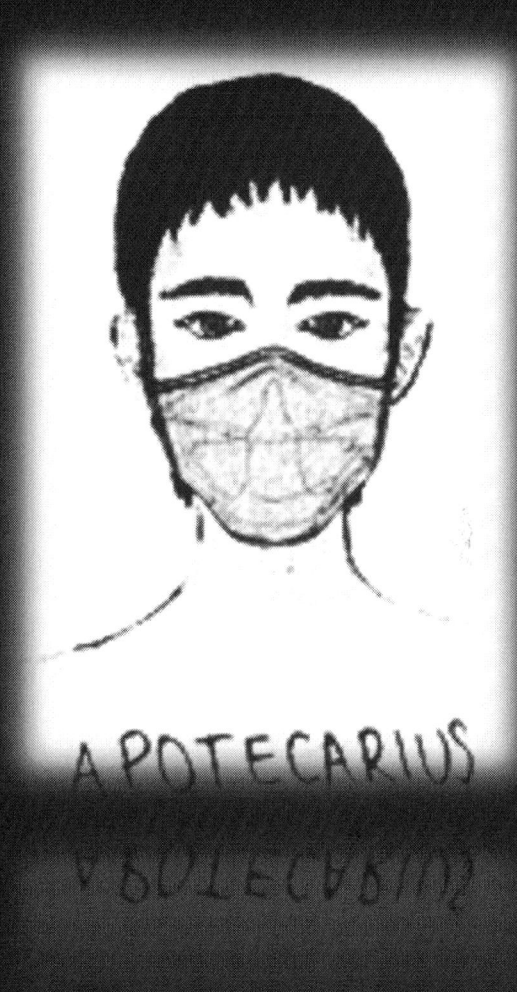

Identikit

(Identikit, a hand graphic representation from Compradora's eye memory, recorded by Valéry Viadilav in October, 2022.)

Luc Zepol

Once life made me fall on thorn leaves
made me listen to thorn birds
made me swallow thorn branches
made me breath thorn breeze
made me touch thorn rocks
made me look at thorn shadows
and the thorn shadows embraced me
against the thorny rocks
against the thorny breeze
against the thorny branches
against the thorny birds
against the thorny leaves
Je ne sais pas si mon coeur est épineux

(Traducción manuscrita por Jayah, 1938. Corresponde a un fragmento de poema inédito de Luminitsa, de origen calé, dedicado a Félix Palacios y Bayá a finales del siglo XVII.)

> Pero Apotecarius lo notó levemente
> como si lo hubiera rosado una hoja
> que cayó del arbol
> sobre su brazo izquierdo...
> तस्य वामबाहौ पत्रम्
> जे: ——

1938 *dedicado a Compradora*

ACERCA DE LAS AUTORAS

Carmen Ollé (Lima, 1947). Estudió Educación en la Universidad Nacional Mayor de San Marcos. Ha publicado los libros de poesía *Noches de adrenalina* (1981) y *Todo orgullo humea la noche* (1988); los libros de relatos *¿Por qué hacen tanto ruido?* (1992) y *Monólogos de Lima* (2015); y las novelas *Las dos caras del deseo* (1994), *Pista falsa* (1999), *Una muchacha bajo su paraguas* (2002), *Retrato de una mujer sin familia ante una copa* (2007), *Halcones en el parque* (2012), *Halo de la Luna* (2017), *Amores líquidos* (2019) y *Destino: vagabunda* (2023). Es profesora de talleres de escritura creativa y conferencista en centros y universidades culturales nacionales e internacionales.
Recibió el Premio Casa de la Literatura Peruana 2015, en reconocimiento a su obra, y el Premio Luces 2019 a mejor libro de cuentos, por su obra *Amores líquidos*.

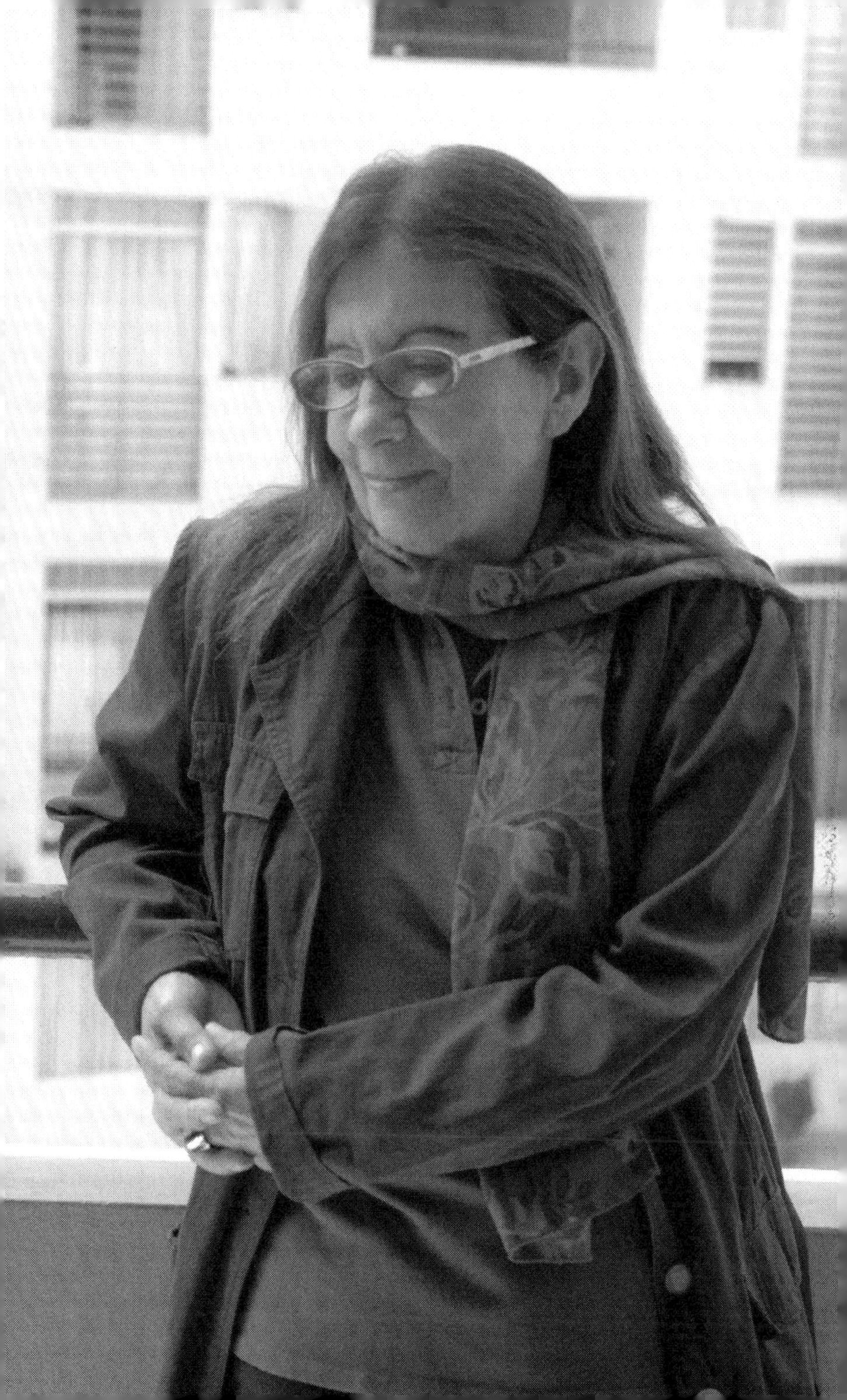

Virginia López Aragón es licenciada en educación secundaria, en la especialidad de lengua y literatura, por la Universidad Nacional Mayor de San Marcos, institución en la que culminó la maestría y el doctorado en lingüística. Ha cursado talleres de cine, fotografía, literatura y música, que enriquecen su formación de maestra. Suele escribir poemas y narraciones breves desde sus heterónimos. Actualmente, ejerce la docencia universitaria.

gin or coffee

ÍNDICE

La máscara

Personajes / Locación / Época · 11

No soy la condesa Gamiani · 13

El cortejo · 15
Sin avisar · 17
Escenas con narrador falible · 19
La víspera · 21
Dado de 7 caras · 46
The end after the end · 92

Acerca de las autoras · 101

Mudanza
Moving
Drama
Homage to Elena Garro

1
La mascara
Carmen Ollé & Virgina López Aragón

POETRY
COLLECTIONS

ADJOINING WALL
PARED CONTIGUA
Spaniard Poetry
Homage to María Victoria Atencia (Spain)

BARRACKS
CUARTEL
Poetry Awards
Homage to Clemencia Tariffa (Colombia)

CROSSING WATERS
CRUZANDO EL AGUA
Poetry in Translation (English to Spanish)
Homenage to Sylvia Plath (

DREAM EVE
VÍSPERA DEL SUEÑO
Hispanic American Poetry in USA
Homage to Aida Cartagena Portalatin (Dominican Republic)

FIRE'S JOURNEY
TRÁNSITO DE FUEGO
Central American and Mexican Poetry
Homage to Eunice Odio (Costa Rica)

INTO MY GARDEN
English Poetry
Homage to Emily Dickinson

LIPS ON FIRE
LABIOS EN LLAMAS
Opera Prima
Homage to Lydia Dávila (Ecuador)

LIVE FIRE
VIVO FUEGO
Essential Ibero American Poetry
Homage to Concha Urquiza (Mexico)

FEVERISH MEMORY
MEMORIA DE LA FIEBRE
Feminist Poetry
Homage to Carilda Oliver Labra (Cuba)

REVERSE KINGDOM
REINO DEL REVÉS
Children's Poetry
Homage to María Elena Walsh (Argentina)

TWENTY FURROWS
VEINTE SURCOS
Collective Works
Homage to Julia de Burgos (Puerto Rico)

VOICES PROJECT
PROYECTO VOCES
María Farazdel (Palitachi)

WILD MUSEUM
MUSEO SALVAJE
Latino American Poetry
Homage to Olga Orozco (Argentina)

OTHER COLLECTIONS

INCENDIARY
INCENDIARIO
Fiction
Homage to Beatriz Guido (Argentina)

SOUTH
SUR
Essay
Homage to Victoria Ocampo (Argentina)

BREAK-UP
DESARTICULACIONES
Non Fiction/Other Discourses
Homage to Silvia Molloy (Argentina)

For those who think like Elena Garro that "This garden is condemned to disappear" this book was completed in November 2023 in the United States of America.

Made in the USA
Middletown, DE
06 October 2024